HESPÉRUS

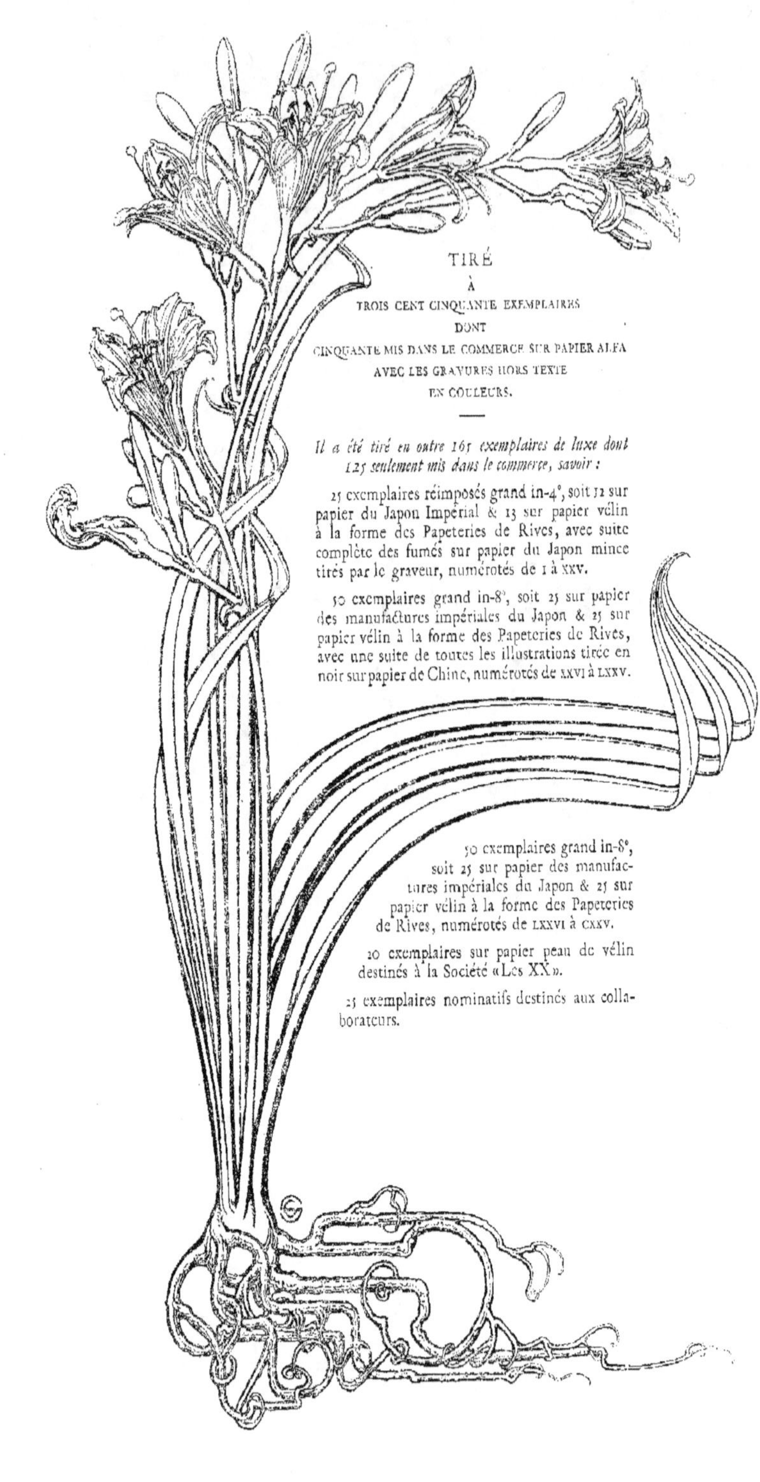

TIRÉ
À
TROIS CENT CINQUANTE EXEMPLAIRES
DONT
CINQUANTE MIS DANS LE COMMERCE SUR PAPIER ALFA
AVEC LES GRAVURES HORS TEXTE
EN COULEURS.

———

Il a été tiré en outre 165 exemplaires de luxe dont 125 seulement mis dans le commerce, savoir :

25 exemplaires réimposés grand in-4°, soit 12 sur papier du Japon Impérial & 13 sur papier vélin à la forme des Papeteries de Rives, avec suite complète des fumés sur papier du Japon mince tirés par le graveur, numérotés de 1 à XXV.

50 exemplaires grand in-8°, soit 25 sur papier des manufactures impériales du Japon & 25 sur papier vélin à la forme des Papeteries de Rives, avec une suite de toutes les illustrations tirée en noir sur papier de Chine, numérotés de XXVI à LXXV.

50 exemplaires grand in-8°, soit 25 sur papier des manufactures impériales du Japon & 25 sur papier vélin à la forme des Papeteries de Rives, numérotés de LXXVI à CXXV.

20 exemplaires sur papier peau de vélin destinés à la Société «Les XX».

25 exemplaires nominatifs destinés aux collaborateurs.

SOCIÉTÉ

DE

PROPAGATION DES LIVRES D'ART

FONDÉE EN 1869

—

1905

—

CONSEIL

MM. Eugène GUILLAUME G.-C. ✠, *président d'honneur.*
E. TAIGNY ✠, *président honoraire.*
C. ROSSIGNEUX ✠, *vice-président honoraire.*

MM. Jules GUIFFREY O. ✠, *président.*
MACIET, *vice-président.*
Roger MARX C. ✠, *vice-président.*
G.-Roger SANDOZ ✠, I. ✣, *trésorier.*
VASNIER ✠, *secrétaire.*
Georges MAUBAN, *secrétaire.*

MM. A.-V. L. D'ANFREVILLE ✠.
BARTAUMIEUX I. ✣.
Victor CHAMPIER ✠.
Pierre DAUZE ✠, I. ✣.
Lucien ÉTIENNE ✠.
FÉRET I. ✣.
GAGNEAU O. ✠.
Paul GALLIMARD.
Paul GARNIER O. ✠.

MM. A. LAHURE ✠.
Lucien LAYUS O. ✠, I. ✣.
LE BÈGUE.
Félix LESEUR ✣.
Charles LUCAS I. ✣.
MASSIN ✠, ✣.
NOIROT ✠.
M. POUSSIELGUE-RUSAND.
Ernest ROYER.

MEMBRES DE LA SOCIÉTÉ

MM. AGNELLET.
AGUILLON.
D'ALLEMAGNE (Henry).
D'ANFREVILLE (A.-V. LESPERON).
ANGENOT.
ASSOCIATION PHILOTECHNIQUE DE BOIS-COLOMBES.

ASSOCIATION PHILOTECHNIQUE DE PARIS.
ASSOCIATION POLYTECHNIQUE DE PARIS.
MM. AUCOC fils (Louis).
AUGER.
AYNARD (Édouard).
BARRIER (André).
BARTAUMIEUX.

MM. Basset (Eugène).
Baudrier (Léon).
Bedel (Auguste).
Belin.
Benoist.
Berger (Georges).
Berthaud frères.
Beurdeley.
Bing (Ferdinand).
Binon (Ernest).
Biot (Gustave).
Blaisot.
Boin (Georges).
Boison.
Bon Marché (Au).
MM. Bordes (Adolphe).
Bosse (Charles).
Boucheron.
Bouilhet (Henri).
Bounetou (Julien).
Bourdaize.
Brack (Georges).
Bricteux.
Brossette (Louis).
Dr Brouardel.
Cambon.
Canaux (P.).
Cantarel (A.).
Carlhian & Beaumetz.
Cerf.
Chambin.
Chambre syndicale de la bijouterie.
Chambre syndicale de l'horlogerie.
Chambre syndicale du papier.
Chambre syndicale des tapissiers-déco-
rateurs.
MM. Champier (Victor).
Chanée.
Chapon (Gustave).
Charvet (Édouard).
Charvet (Raymond).
Chauvet.
Chaveton.
Cherrier (Henri).
Chevrie.
Dr J. Chompret.
Christofle.
Claude-Lafontaine (Raymond).
Clermont (J.-Paul).
Collot (Michel).

MM. Coquerel (Henri).
Coste (J.-Geo).
Dauze (Pierre).
Debain.
Dehaitre (Fernand).
Dennery.
Desbazeille (Germain).
Desprès-Rouvenat.
Diette.
Donon (Pierre).
Drouelle.
Drouin (V.).
Dubois (J.).
Dupont (Alexandre).
Durenne.
Duval (J.).
Duvert.
École des Beaux-Arts (Bibliothèque).
MM. Edwards (Alfred).
Eggimann.
Eissen (Maurice).
Engel.
Essling (Prince d').
Étienne (Lucien).
Exupère.
Falize.
Fauré Le Page.
Feret.
Firmin-Didot (Alfred).
Floury (Henri).
Follot (Félix).
Fontana (Pierre).
Forney (Bibliothèque).
Foucher (Gustave).
Fourdinois.
Foy (Comte).
Froidefon.
Froment-Meurice.
Fumouze.
Gagneau.
Gaillard (Lucien).
Gallimard (Paul).
Gariel.
Garnier (Paul).
Gotivallès (Joseph).
Dr Goubert (Émile-Julien).
Gounouilhou (Gustave).
Gourdiat.
Grados.
Granvigne (Louis).

MM. Gravelin.
Gross & Langoulant.
Gruel.
Guiffrey (Jules).
Dr Guillard (F.).
Guillaume (Eugène).
Guinot (L.).
Hachette (Librairie).
Harant (Louis).
Henin.
Henry (Georges).
Hérissey.
Hessèle (Ch.).
Hinque.
Hollande (Jean).
Holzbacher.
Hubert (Denis).
Huet (Louis).
Hussenot de Senonges (Raoul).
Hyde (James-H.).
Jacta.
Jaquet.
Jeanselme.
Jehenne.
Jourdain (Frantz).
Kateneff (Wenceslas).
Kléber (Émile).
Lacombe (Paul).
Lafollye (Paul).
Lahure.
Laurent (Félix).
Lavanture.
Layus (Lucien).
Le Bègue (Stéphan).
Lefebvre (Eugène).
Legriel (Paul).
Leleu (L.-A.).
Lemaigre.
Lenseigne (Henri).
Leroy (Isidore).
Leseur (Félix).
Lesouef.
Levraux.
Limozin.
Loire.
Lucas (Charles).
Maciet.
Maes (Georges).
Mairie de Boulogne (Seine).
Mairie du IIe arrondissement.

Mairie du XVIe arrondissement.
MM. Mannheim.
Mareuse (Edgar).
Mariani (A.).
Marie (Alexandre).
Marie (Charles).
Marioton.
Marret frères.
Marteau (Albert).
Martin.
Marx (Roger).
Massin.
Mauban.
Mayer (Henri & Émile).
Miet.
Moche.
Monbro (A.).
Monod.
Moreau (Eugène).
Moreau (François).
Morris.
Motard.
Mouillot (Philippe).
Muhlbacher.
Murat.
Nauton.
Noirot.
Omer-Decugis (Marius).
Orosdi (Léon).
Oyley (Marquis d').
Paumier (Raoul).
Pelletier fils.
Perrissin.
Petit (Paul).
Ployer.
Poirier.
Popelin.
Porcabeuf (Alfred).
Pourrat (Camille).
Poussielgue-Rusand (Maurice).
Protat frères.
Quignon (Gustave).
Rambour (André).
Rambour (Charles).
Renon (F.).
Revil (Fernand).
Révillon (Théodore).
Robert (Alphonse).
Robert (Arthur).
Rossigneux.

MM. Rothschild (Baron Alphonse de).
Rothschild (Baron Edmond de).
Rothschild (Baronne James de).
Roty (O.).
Royer (Ernest).
Rozet (René).
Sandoz (G.-Roger).
Sandoz (Mᵐᵉ Gustave).
Sibien (Armand).
Simon (Alexandre).
Simon (Jules).
Simon (Paul).
Spangenberg (Juan H.).

MM. Stein.
Suzor.
Taigny (Edmond).
Templier (Paul).
Thomas (Alexandre).
Vaguer (Léon).
Vaquez (Ernest).
Vasnier.
Verger.
Vernet (Marcel).
Vinit.
Warmont.
Wolff (Louis).

CATULLE MENDÈS

—

HESPÉRUS

—

ILLUSTRATIONS EN COULEURS

DE CARLOZ SCHWABE

PARIS

SOCIÉTÉ DE PROPAGATION

DES LIVRES D'ART

—

MDCCCCIV

DÉPÔT LÉGAL 1905

Dans Francfort-sur-le-Mein, la ville électorale,
Près de la judengasse & de la cathédrale,
A l'angle d'un marché houleux comme une mer,
Derrière un mur penchant qui s'adosse au Rœmer
Et dont le plâtras noir, jadis peint à la fresque,
Montre encore une Vierge en habit de moresque,

Agonisa, trente ans, dans l'imbécillité
Un pauvre homme vaincu par l'âge ou dévasté
Par quelque vieille angoisse incessamment accrue.
Les ans lourds l'avaient fait tout petit. De la rue
On criait : « Tiens, un nain ! » Il ne répondait pas,
Et sa droite s'ouvrait en guise de compas
Pour mesurer l'éther immense & les nuées.
Sa puérilité consentait aux huées ;
Et l'eût-on voulu battre, il n'aurait pas dit non.
Les uns le croyaient juif. On savait mal son nom.
S'il mangeait, aussitôt du coin de la ruelle
Mille petits cailloux volaient vers son écuelle ;
Il mangeait les cailloux sans se plaindre, & le lieu
Fut célèbre parmi les enfants pour ce jeu.
Deux fois le jour, ayant sur l'épaule une cruche,
Il gagnait la fontaine où bourdonne la ruche
Des servantes qui vont bras nus & sans corset ;
Mais le cercle folâtre alors s'étrécissait
Autour du pilier qu'orne un Bacchus dérisoire,
Pour empêcher le nain de puiser ou de boire.

C'est là que je le vis pour la première fois.
Une fille, en riant, lui donnait sur les doigts

D'une clé qu'elle avait dans la main. Plus cruelle,
Une autre demandait au vieux s'il voulait d'elle,
Provocante &, du doigt, soulevant son fichu.
Lui, songeait. J'observai que cet être, déchu
Plutôt que vil, avait dans les yeux ces ténèbres
Hagardes & qui sont d'ailleurs les plus funèbres,
Où quelque chose encor se souvient d'avoir lui.

Il rentra, mais j'avais marché derrière lui
Et je vis le dedans hideux de sa logette.

Le mur, qui de cinq pas à gauche se projette
Mais cesse à peine d'être au Rœmer contigu,
Fait de ce gîte un angle à tel excès aigu,
Et, saillant en rondeur comme une échine lasse,
Soutient si mal un toit dont la tuile se casse
Qu'un savetier logé maintenant dans ce coin
(Car les jours où vécut l'ancien hôte sont loin),
Quand cède à son effort le fil roux qu'il tiraille,
De chaque coude va heurter chaque muraille
Et qu'assis il s'y peut à peine tenir droit.
L'écartement par où l'on rampe en cet endroit,
Porte & fenêtre, veuf de ferrure & de vitre,
Était louche. Au dedans une mousse de nitre

Souillait les murs, & plus d'un plâtras bossué
Pendait, mou, car la pierre antique avait sué;
De sorte qu'on eût dit d'un corridor de cave.
Sur le sol gras, qui suinte & de débris se pave,
Un matelas plié, loque affreuse, bavait
Son étoupe : c'était le siège & le chevet;
Mieux eût valu s'asseoir & dormir sur la dure.
Restes décolorés & devenus ordure,
Cent objets dans un coin formaient un tas suspect,
Comblant la sale horreur du lieu par leur aspect,
Chargeant l'air, sous ce toit haut de quelques coudées,
Du fade arome propre aux choses dégradées.
Comme c'était au mois d'octobre, vers le soir,
Le jour, gris au dehors, dans le bouge était noir,
Sombre rideau tiré sur cette ignominie;
Et rien ne détonnait dans l'obscure harmonie
Qu'un lambeau rouge, au toit suspendu, vêtement,
Loque, n'importe, enflé de brise à tout moment,
Qui, parfois, avait l'air d'une bête écorchée,
Et, sur le mur, étroite, anguleuse, ébréchée,
Une glace, un fragment de glace, au tain gercé,
Tombé d'une fenêtre, en passant ramassé,
Que l'atmosphère humide ombrait d'un pâle voile.
Mais ce miroir avait la forme d'une étoile.

L'homme, en son trou, gisait, & je le voyais mal.
Sa forme n'était pas même d'un animal,
Sinon de quelque chien rampant, de basse espèce.
Il était tombé là comme une chose épaisse,
Inerte; l'on eût dit d'un ramas de haillons.
Mais un jet du couchant le baigna de rayons,
Et je vis émerger du mur sa face terne.
Telle, blême, dans l'eau noire d'une citerne,
La lune; tel le front d'un cadavre embaumé.
Et cette face était comme un livre fermé.
Vivait-elle? Ses os saillaient, tendant les rides;
Quelques poils gris épars sur ses tempes arides
Semblaient tels qu'il en pousse aux morts dans le tombeau.
Pourtant, vers le miroir, où le rouge lambeau
Frôlait de son image en tremblant apparue
L'évanouissement léger dans une rue
D'un passant qui fuyait comme une brume fond,
Elle tournait des yeux lourds d'un songe profond.
Ces yeux dont émanait, presque éteinte, une flamme,
Étaient les soupiraux uniques par où l'âme
Du vieux nain, torche hélas! d'un caveau, se fît voir;
Et leur rayon, longtemps versé dans le miroir
Qui le renvoyait, pâle, à ces prunelles sombres,
Formait un fraternel échange, entre les ombres

De l'habitacle morne & de l'hôte hébété,
Du peu que l'un & l'autre ils avaient de clarté.

Je m'appuyais au mur, contemplant en silence
Le lieu, l'homme.

Ma main, qui pendait, heurta l'anse
De la cruche gisant vide sur les pavés ;
J'allai vers la fontaine, & je revins.

«Buvez,»
Dis-je.

Le nain frémit à ma voix comme un homme
Qui s'éveille, & cria : «Qui va là? Je me nomme
Hespérus! J'ai reçu quoique indigne, le don
De vaincre dans les champs sacrés d'Armageddon
Les satans qui crîraient : silence, à la Parole!
Passant, qu'es-tu? ton front n'a pas la banderole
Écarlate qui fait reconnaître un Esprit
De Jupiter, selon qu'un voyant me l'apprit.
Souffres-tu? car il est des Anges solitaires...
Mais peut-être tu viens des ténébreuses Terres
D'où monte, obscur défi de l'ombre aux cieux lointains,
La fumeuse splendeur des Lucifers éteints! »

Hélas! c'était un fou. Je lui tendis sa cruche.

« Tu n'es donc pas celui qui se nomme l'Embûche,
Car Dieu limite au mal la ruse du méchant. »

Sa voix calmée, avait quelque chose d'un chant
Triste, qu'on entendrait de loin.

        Il dit encore :
« Pourtant, je boirai peu. Tel qui se prive, adore
Et trouve, s'il jeûna de pain & de boisson,
Sa faim grand-panetier, sa soif grand-échanson,
Dans l'éternel repas près des pures fontaines. »

Puis il rêva.

        « Sagesse! Amour! Noces lointaines! »

Et, fixant la lueur étrange de ses yeux
Sur la glace qui fut comme un lac soucieux
Où le mirage pur d'une étoile se lève,
Dans ses yeux reflétés il regardait son rêve.

Mais, brusque, le soleil s'enfuit en ce moment.
On eût dit d'un rideau tombé soudainement

Ou d'un volet fermé par le vent qui se rue :
Tout s'effaça.

    Pensif, je regagnai la rue.

Or, ce quartier, le soir, à l'heure du repas,
Est désert. Un écho, très long, y suit les pas.
Et l'horizon, au fond de la rue, était rouge.

Inquiet, je tournai la tête.

      Hors du bouge
Le nain courait.

    « Suis-moi! criait-il, sois témoin!
Toi seul, comme un oiseau porte une graine au loin,
Dois semer la leçon de notre destinée;
Car Dieu t'élut, passant! »

      Sa face, illuminée
Par l'occident, semblait descendre du Sina.
Ses loques palpitaient dans l'air. Il m'entraîna.
Devant nous, le couchant rayonnait comme un trône.

Un mendiant passa. Le nain dit : « Fais l'aumône. »

Cependant, à travers la déserte cité,
Nous courions. Son manteau fuyait vers la clarté,
Plein du vent qui souffla dans la robe d'Élie.
Et moi je le suivais, penché sur sa folie,
Tout près d'y choir. Ainsi nous sentons le désir
De l'engloutissement stupide nous saisir
Pour avoir regardé trop longtemps un abîme.
C'en était un, avec des feux, comme une cime.

LA VISITATION

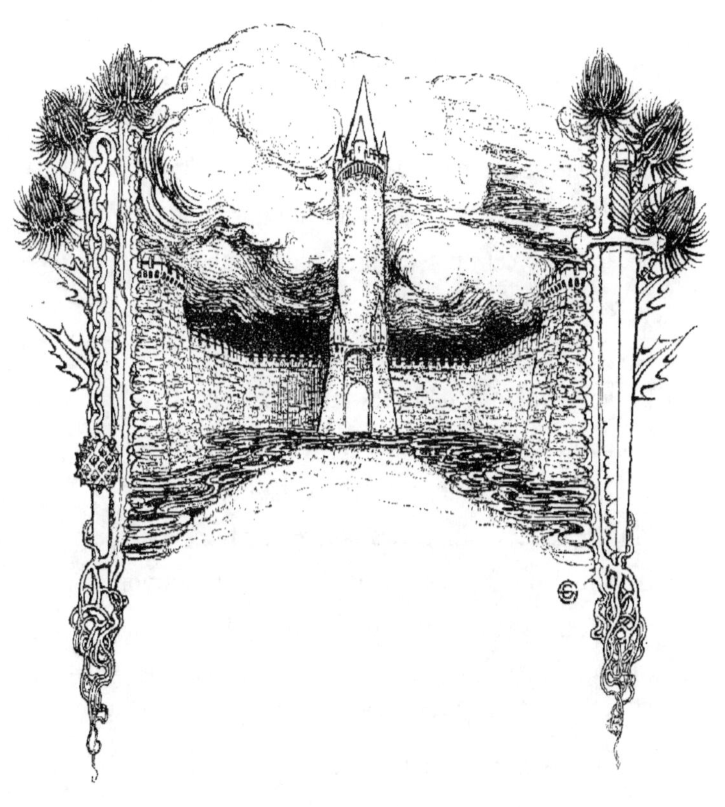

Jadis, ferme soudard de granit cuirassé,
Francfort avait des tours, des murs, un grand fossé
Propre à décourager les chercheurs d'aventures,
Car le Mein s'y ruait par quatorze ouvertures ;
Tel routier qui n'avait jamais, quand il vint là,
Bu d'eau pure, y connut trop bien le goût qu'elle a.

Mais un grand désarroi de rocs & de ferrailles
Combla tout le fossé de toutes les murailles.
Sur les débris un parc aux verdissants contours
Se déroule, ceinture ombreuse des faubourgs,
Que boucle, par endroits, la grille d'une porte ;
Et, douce, la cité rit d'avoir été forte.
Le lent prolongement des saules balancés
S'incline où des créneaux roides se sont dressés ;
Grêle, un rosier tient lieu d'un bastion superbe ;
Plus de lances, sinon des pointes de brins d'herbe ;
La voûte où l'on voyait des ombres se mouvoir,
Sinistres, dans la paix inquiète du soir,
Quand, douze fois, à coups chaque fois plus funèbres,
Le cœur du noir minuit battait dans les ténèbres,
Est un chemin de houx & d'épines fleuri,
Où le jeune passant se recueille, attendri
De ce signe de croix aisément effaçable
Que le pas d'un petit oiseau fait sur le sable,
Ou triste de l'adieu d'un merle voyageur
Qui va d'un saule à l'autre & s'envole, ou songeur
D'ouïr dans les légers volubilis la guêpe
Tinter, clair battant d'or de ces cloches de crêpe.
Seul, un donjon, bloc noir, de lierre interrompu,
Que la pioche oublia de détruire ou n'a pu

Mettre à bas, dresse encor ses murs rectangulaires :
C'est l'Abendthor, qui vit de tragiques colères.
Le jour, ce ténébreux cadavre de granit
Se ravive aux gaîtés du ciel, du vent, du nid ;
Le rire frais éclos du liseron circule
Dans ses fentes où luit l'or de la renoncule ;
Il a l'oiseau, l'enfant, l'écureuil, & consent
A l'escalade ; il semble un aïeul innocent
Qui joue & qui veut bien qu'on le coiffe de roses.
Mais la nuit qui connaît les légendes moroses
Des prisonniers cloués au mur à coup d'épieu,
Et trouve que la joie au sépulcre sied peu,
Se développe, morne, &, selon la justice,
Restituant le deuil à l'antique bâtisse.
Sous le porche où le vent tracasse un lourd chaînon
Le trou hagard qu'a fait un boulet de canon
S'arrondit dans le mur comme une lune noire ;
Les vieux échos du burg gémissent de mémoire ;
Il est plein de l'effroi spectral de ce qu'il fut :
C'est l'éclair d'une mèche au-dessus d'un affût
Qu'une étoile entre deux créneaux de ce décombre ;
Et cette solennelle évocatrice, l'Ombre,
Place au guet sous la herse, en sentinelle autour
Des fossés, en vigie au sommet de la tour,

Les fantômes que fit une ancienne défaite.
Un escalier de blocs écroulés monte au faîte
De l'Abendthor. Le nain, qui m'avait amené
Vers ce lieu, salua le donjon ruiné
Et gravit, m'entraînant, la périlleuse côte.

« L'aigle s'envole mieux d'une cime plus haute,
Dit-il, & le brouillard des vallons est trompeur. »
Le faîte était peu large, & chancelait. J'eus peur.
Hespérus me poussa sur les extrêmes pierres,
En criant : « Puisque l'Ange a béni tes paupières,
Regarde, & vois! »

        J'ouvris très largement les yeux.
L'immense paix de l'ombre envahissait les cieux;
Sous un vent dont tremblaient seulement les hauts arbres,
Des nuages profonds, pareils à de grands marbres,
S'assemblaient au-dessous de Vesper, pâle point,
Comme une flottaison de banquises se joint;
Et, s'étageant par blocs en de lugubres formes,
Voûtaient l'ascension de leurs courbes énormes,
Jusqu'à mettre à la terre un couvercle total.
Seule, très faible, au bas du ciel occidental,
Une ligne de nue & d'or blême, restée
Comme un ruban d'écume au bord d'une jetée,

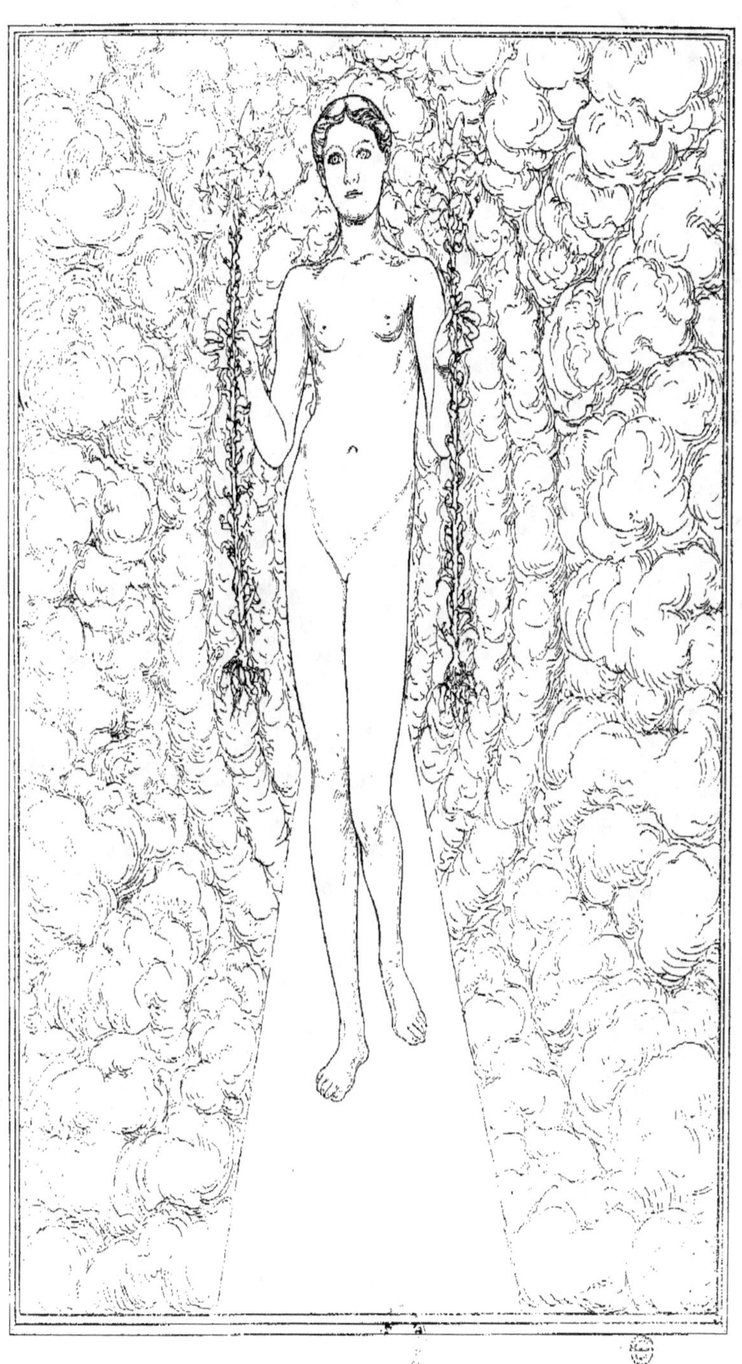

S'amincissait avec de plaintives douceurs.
Et, sous l'oppression des noirs envahisseurs,
Elle mourut. Ainsi fuit la lueur vermeille
D'un collier, quand l'écrin se referme. Pareille,
Après les lustres d'or éteints par les valets
Dans l'antichambre & dans les salles d'un palais,
S'échappe la lueur qui glissait sous la porte.
Et le ciel m'effraya comme une steppe morte.

« Que vois-tu ? dit le nain.

— L'obscurité du ciel.

— Tant qu'en mon sein fut clos l'œil immatériel,
Reprit-il, je ne vis, comme toi, que ténèbres.
Rhéteur, docteur, fameux entre les plus célèbres,
Mais plein d'ombre, c'était l'ombre que j'enseignais ;
Je prenais vainement le mystère aux poignets
Pour le forcer d'ouvrir enfin ses mains fermées ;
Étreignant des éclairs, colletant des fumées,
J'avais dans l'inconnu des combats à tâtons ;
Et mes élans rampaient comme des avortons ;
Mais la Sagesse, enfin, m'élut entre les hommes !
Ce fut un soir, à l'heure, à la place où nous sommes,

Un frisson secoua tout mon être, & des Voix
Crièrent : Hespérus! sois en esprit, & vois!

O clémence! ô sacré déchirement du voile!

D'abord, comme un lever miraculeux d'étoile,
Surgit dans l'Orient nocturne un point lacté,
Tremblant espoir de jour, œuf grêle de clarté,
Qui laissa lentement & plume à plume éclore
Et blêmir, comme un cygne ineffable, une aurore,
Et cette aube grandit, blanchissant tout le ciel
D'un éblouissement profond, torrentiel,
Et sa splendeur d'argent fluide, atténuée
Dans une transparence éparse de nuée,
Doux abîme, sembla délicieusement
Un golfe merveilleux, couleur de diamant,
Où l'onde en un brouillard diaphane déferle
Sur des îles d'opale & des brisants de perle!
Et j'étais en esprit sur les monts. Et voici
Que, brillamment visible à mon œil éclairci,
Une forme d'enfant émana de l'aurore.
Candide nudité, front qu'un nimbe décore,
Elle marchait, avec un lys dans chaque main,
La pente d'un rayon lui servant de chemin.

Et, vieux, je saluai l'ange enfant. Mais, grandie,
Et splendide, lueur devenue incendie,
La vision sembla le fulgurant essor
D'un cavalier sonnant d'une trompette d'or
Sur un cheval ailé de neige comme un cygne.
Sous l'éphod que la règle hyménéenne assigne,
Elle avait dans les yeux l'inextinguible éveil;
Écarlate, roulait de la gorge à l'orteil
Sa robe où des rayons tremblaient comme une frange;
Et je levai les bras vers le beau jeune homme ange!
Mais Lui, le visiteur divin, le Messager
Qui monte un cheval-cygne & va dans l'air léger,
De cette voix qui fait la parole meilleure
Et qui, frôlant d'abord l'ouïe intérieure,
Enivre le mental comme un parfum subtil :
« Sais-tu par quelle cause il m'a fallu, dit-il,
Me révéler enfant avant de t'apparaître
Tel que je suis?

   — C'est, dis-je, un signe qu'il faut être
Dans l'innocence avant d'être dans la beauté.

— Qui suis-je?

   — Ton Amour sans trêve alimenté;

Car on devient selon qu'on aime.

      — Qui m'envoie?

— Le rémunérateur de l'espoir par la joie,
Le Trinôme-Jésus, seigneur des univers.

— Qui t'enseigna?

      — Mes yeux internes sont ouverts
Et je suis, par la Grâce, une âme qui s'éveille.

— Ainsi tu pourras voir & toucher la merveille
Des Cieux perpétuels & purs?

      — Je le pourrai.

— Viens donc, s'écria-t-il, car Dieu t'a préparé! »
Et, comme un aigle enflant son vol aquilonaire,
Prompt, tombe sur sa proie & l'emporte au tonnerre,
L'ange, alors, m'enleva par la nuque, au delà
Des sphères, vers les Cieux que saint Jean révéla,
Pour qu'après Sperberus qui conçut le grand songe,
Et Bœhme le Voyant, & Swedenborg qui plonge
D'un front démesuré dans les gouffres divins,
Un homme encor, niant la verge & les devins

Des Molochs & leur verbe imposteur qui ricane,
Expliquât, l'ayant vu de ses yeux, chaque arcane,
Et, montrant le chemin de la jeune Sion
Aux enfants de l'exil & de l'affliction,
Leur dît : « Lavez, lavez, ô race repentie,
Vos vêtements obscurs dans le sang de l'hostie,
Car il faut se vêtir de blanc pour le festin,
Et Dieu vous donnera l'étoile du matin ! »

Tel, pendant qu'à nos pieds la ville morne & lasse
Déroulait pesamment sa ténébreuse masse
Et que les arbres noirs tremblaient autour de nous,
Tel, sous les cieux profonds s'étant mis à genoux,
Les yeux extasiés, les bras en croix, au faîte
De l'Abendthor, parlait le nain, obscur prophète.

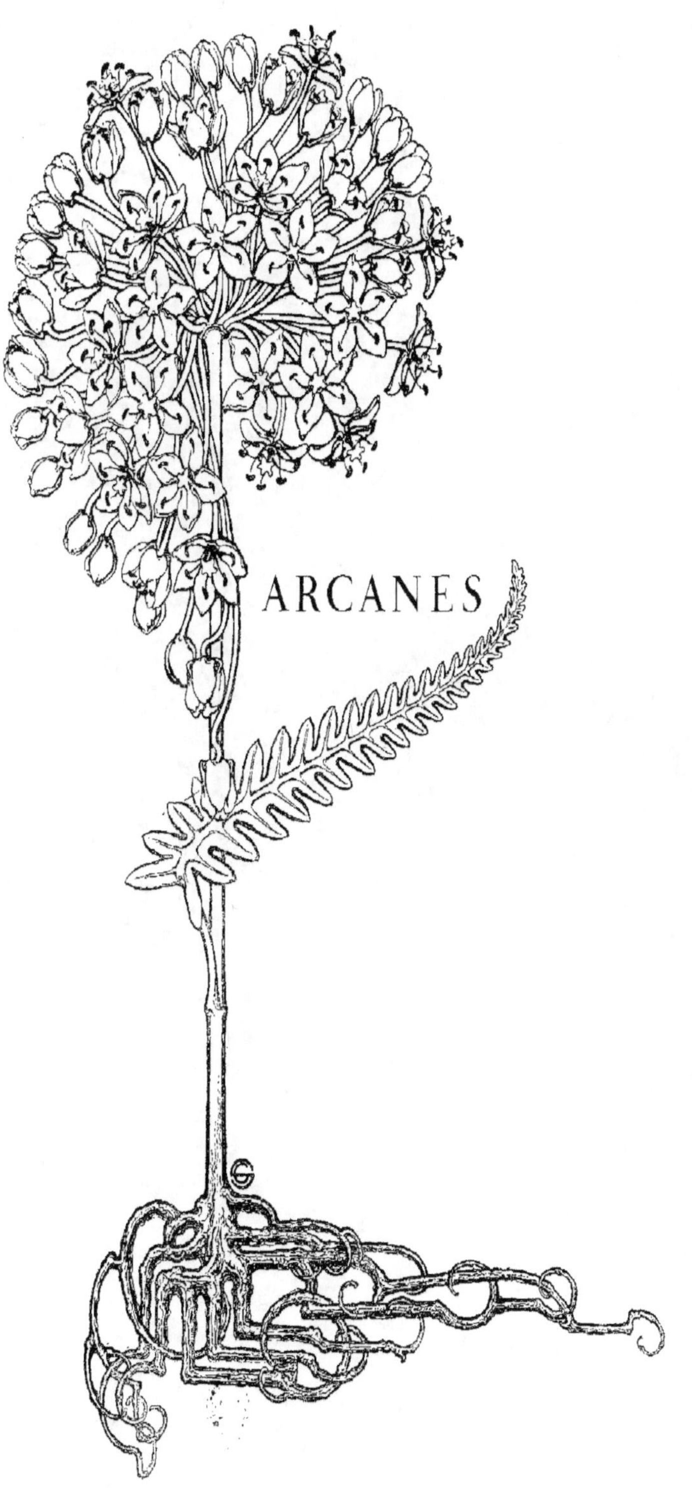
ARCANES

Il reprit : «O vous tous, mangeant, buvant, dormant
Sous le Ciel qui s'entr'ouvre impénétrablement,
Puissiez-vous, par cet homme à qui je la révèle,
Apprendre, ô surdités aveugles! la Nouvelle
Que savent mon oreille & mes yeux revenus
Du voyage à travers les mondes inconnus!

Au-dessus des Enfers, sous le Ciel triple & double,
Plane un monde baigné d'une lumière trouble,
Ses astres n'étant pas ténébreux ni vermeils.
C'est là que, réveillés du plus court des sommeils,
Les hommes qu'on croit morts sont conduits par un ange.
Qu'ils soient hommes encor, cela leur semble étrange,
Et chacun d'eux, vêtu comme il était vêtu,
Entend ces mots : « Esprit ! qu'as-tu cru ? qu'aimais-tu » ?
Telle étant la contrée où l'Ange les amène
Qu'on n'y saurait mentir selon la mode humaine,
L'un répond : « Je croyais que le tombeau jaloux
Ne s'ouvrait qu'à la faim de l'hyène & des loups,
Et j'aimais, pour tromper mes funèbres détresses,
Les coupes & les yeux qui versent des ivresses. »
Un autre dit : « Je n'ai rien cru, je n'ai rien su,
Objectant à la Foi la peur d'être déçu ;
Mais j'amassai de l'or afin de faire envie. »
Un troisième répond : « J'ai désiré la vie
Et l'ai cherchée au fond du mystère hagard ;
Mais l'abîme était trop profond pour mon regard. »
Un quatrième dit : « J'étais Roi. » Mes prophètes
S'écriaient : « Vous & Dieu, vous êtes les deux Faîtes :
Seigneurs, regardez-vous en face sans ennui,
Et que, si l'un de l'autre est jaloux, ce soit lui. »

Je les croyais. Je fus terrible & débonnaire.
Ayant l'Aigle, il fallait que j'eusse le tonnerre ;
Mais j'avais des pitiés au retour des combats. »
Un cinquième, qui fut dans l'Église ici-bas,
Dit : « J'étais catholique & croyais l'Évangile :
Que l'esprit survivrait mais que la chair fragile
Se mêlerait au vent qui fuit, je le prouvais ;
Et dans un célibat plein de rêves mauvais
J'ai connu longuement les affreuses délices
De la blême abstinence & des rouges cilices. »
Tels ils parlent, ayant la Couleuvre à leurs pieds.
Mais l'Interrogateur leur dit : « Vous vous trompiez ;
Et c'est de quoi le Cœur du Ciel soupire & saigne. »
Puis il les fait asseoir en cercle & les enseigne.
Or, comme dans le monde aux douteuses clartés
Un ange très savant parle aux ressuscités,
Je vous parle ici-bas, vivants que l'heure presse.

Faites l'Œuvre, d'après l'Amour, par la Sagesse.

Mais quelle est la Sagesse & quel l'Amour? Voici.
Les saints avertisseurs d'Israël endurci,
Les suscités de Dieu disaient vrai ; les sybilles
Ne mentaient pas aux pieds des Baals immobiles,

Ni celle que Saül implora dans Endor,
Ni dans le carrefour d'un triple corridor
Les femmes d'Éleusis, de Delphes, ou de Cumes;
Ces bouches ont bavé du vrai dans leurs écumes,
Et, malgré soi prophète en sa rébellion,
Astaroth, dans saint Jean, se nomme Apollyon.
Certe, il voulut séduire & tromper, mais le Traître,
S'efforçant d'être faux, ne put que le paraître,
Car le mensonge est mal aisé même aux satans;
Et l'oracle d'Éphèse est sûr, si tu l'entends.
Donc, médite, & poursuis l'âme éparse du Verbe.
Le sang court dans la chair, la racine est sous l'herbe.
Quand il a dans sa cave enseveli de l'or,
L'avare, qui réserve à ses fils ce trésor,
Pour qu'ils sachent l'endroit, le marque d'une obole;
Tel, Dieu mit sur le sens enfoui le symbole
Pour qu'aux yeux que n'a point aveuglés le Péché
La Lettre révélât où l'Esprit fut caché.
Fouillez profondément; la trouvaille est certaine.
Est-ce que Raphidim n'est pas une fontaine,
Bien que nulle eau d'abord ne coule du rocher?
Issachar dit : « Ma soif ne pourra s'étancher »,
Et, lâche, pour mourir, se couche sur la terre.
Mais vous, frappez le roc profond qui désaltère!

Que des sables d'Horeb sourde la vérité :
Creusez, puisez, — l'effort, fut-il vain, est compté, —
Afin qu'ayant lavé vos erreurs dans l'eau saine,
Vous vous présentiez, purs, à l'éternelle Cène,
Et disiez : « Nul ne meurt. Dans le tombeau dormant
La pourriture trompe & le squelette ment;
Le néant du cadavre est la funèbre embûche
Du Jaloux qui, d'étoile en étoile, trébuche
Dans le décombre noir des Trônes vermoulus,
Et se dit Lucifer, sachant qu'il ne l'est plus.
Le front altier survit, & les basses entrailles
Survivent; éternels, nions les funérailles.
L'espoir de fuir le corps étendu sur le dos
Peut sourire aux porteurs des immondes fardeaux;
Tel qui souilla sa chair veut bien qu'on l'en délivre.
Mais quiconque, attentif au sens caché du Livre,
Vécut selon le Vrai du Bien, & le comprit,
Sait le Corps immortel à l'égal de l'Esprit.
Comment périrait-il, étant l'unique forme?
Dieu, c'est l'Homme divin, le Ciel, c'est l'homme énorme,
Plus parfait, & mieux clos aux ruses du démon,
Mais ayant, comme l'Homme & la Femme, un Poumon :
L'Intelligence, un Cœur : la Charité suprême
(Car le Poumon perçoit, &, plus chaud, le Cœur aime),

Un Front resplendissant de la sublimité
De Connaître, des Bras qui sont la volonté,
Des Lombes que sacra l'horreur de l'Adultère,
Des Pieds, enfin, plus vils, étant presque la Terre.
Et qui donc pourrait dire : il en est autrement,
Quand l'univers divin qu'à notre entendement
Illustre le flambeau sacré des évidences,
Est le lieu des Accords & des Correspondances?
Selon que tout existe, il existe, plus pur :
Ses horizons sont bleus, mais d'espoir, non d'azur;
L'éternel Orient le baigne avec largesse,
Mais de quel jour? du jour appelé la Sagesse;
Ses fleuves, c'est la Foi, plus limpide qu'une eau;
A-t-il un soleil? oui. Mais quel soleil? l'Agneau. »

Parlez ainsi devant la Porte occidentale,
A l'heure où le drap noir sur vos bières s'étale,
Pour que le serviteur du seuil, splendide & nu,
Dise : « Ils peuvent entrer, parce qu'ils ont connu. »

Aimez aussi. L'Amour, c'est la vigueur sacrée.
La Sagesse délivre & guide, lui seul crée
Et ressuscite, auguste assassin du trépas :
L'Amour n'existant point, Dieu n'existerait pas.

Mais quelle est son Essence & quels sont ses Usages?

« Aimez, disent les Bons de ce monde, les Sages,
Aimez avec l'ardeur des feux invétérés
L'Homme que fut Jésus, Jésus que vous serez;
Penchez-vous vers la bête obscure avec tendresse :
C'est dans les fronts courbés que l'esprit se redresse;
De votre pain, de vos propres chairs, s'il le faut,
Nourrissez le requin, l'hyène & le gerfaut,
Croyant la charité d'autant plus saine à l'âme
Que l'effort est plus dur & l'objet plus infâme;
Aimez la plante; aimez les vieux chênes tremblants,
Car les branchages roux valent les cheveux blancs;
Des bénédictions tombent des bras du hêtre,
Et la vieille forêt pensive est une ancêtre ! »

Mais moi, le compagnon des anges, je vous dis
Qu'un autre Amour, seigneur des chastes paradis,
Trône, au zénith divin, dans sa candeur ignée,
Et que tous les amours ne sont que sa lignée.
Pur, même dans la chair, suprême & radical,
Intime, il est celui qu'on nomme conjugal;
Il veut l'hymen; il prend deux Esprits & les mêle
Au point qu'ils seront un quoique mâle & femelle,

Ainsi que les deux yeux ne sont qu'un seul regard.
Aucun ange n'est seul. Satan vit à l'écart.
Humains, soyez époux ! Des froideurs & des haines,
Comme un captif se fait un bon engin des chaînes
Et de l'anneau de fer à sa jambe rivés,
Faites-vous de l'Amour afin d'être sauvés !
Foyer dévorateur du mal, pas d'immondice
Dont il ne se renforce & ne se ragrandisse !
Sur les monts, dans le lit desséché d'un torrent,
Quand un pâtre, au milieu de son bétail errant,
Active un large feu dont la nuit s'épouvante,
Il lance à pleines mains dans la splendeur vivante
Des racines, de noirs lichens, des troncs pourris,
Et pourtant, de ce tas immonde de débris,
Tant de jour envahit le vieux mont taciturne
Qu'au loin, dans les vallons, le voyageur nocturne
Croit rêver, &, criant : « Quelle est cette aube, ô Cieux ! »
De peur d'être aveuglé met la main sur ses yeux.
Alimentez sans fin le vorace incendie !
A l'Amour, tous les faux amours, sa parodie,
La mauvaise action & le mauvais dessein,
L'embûche du voleur, le guet de l'assassin,
L'audace de mentir, la ruse de se taire,
A l'Amour la luxure, à l'Amour l'adultère !

Tant qu'épurée enfin par l'adorable feu
Cette Bête qui fut l'Humanité soit Dieu
Et démesurément s'extasie incarnée
Par couples en l'immense & céleste hyménée! »

A ces mots, dans la nuit claire autour de son front,
Comme un pâtre qui vient d'escalader un mont
Et dont l'élan suprême en un soupir s'achève,
Le nain reprit haleine au faîte de son rêve.

LA VISION SUPRÊME

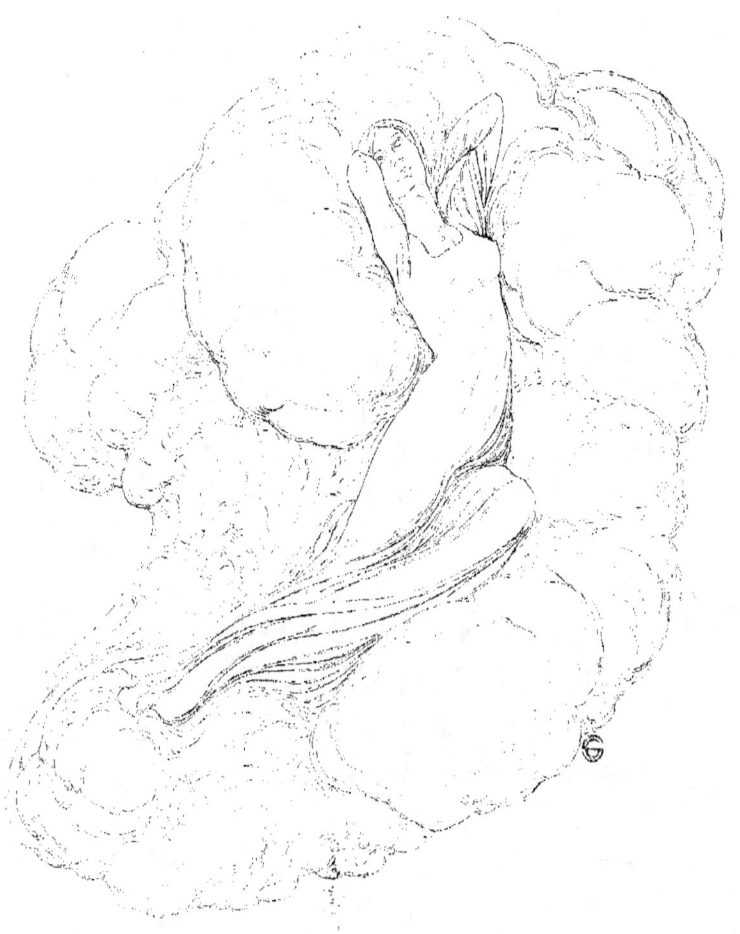

Une étoile parmi la stagnante épaisseur
Des nuages s'était levée avec douceur,
Faible, & dont le rayon coulant du ciel nocturne
Comme des pleurs de lait d'une fissure d'urne,
En flaques de blancheur s'étalait sur les murs.

L'illuminé songeait sous les cieux moins obscurs.

« Donc j'ai franchi les seuils clos de portes ignées
Et j'ai pu vivre avec les Anges, trente années,
Partageant leurs travaux, leurs jeux & leurs repas,
Ainsi que l'homme vit avec l'homme ici-bas.
J'ai la Sagesse & j'ai l'Amour, j'aurai la vie.
Nuit dernière, d'un jour perpétuel suivie,
O mort! par qui les yeux se ferment dans le temps
Et dans l'éternité se rouvrent, je t'attends
Comme un homme inquiet va guetter au passage
L'ami qui doit venir, porteur d'un bon message;
Et de ce remûment plein d'un captif essor
Que l'approche d'un souffle imperceptible encor
Communique à la voile, à l'arbre, à la broussaille,
Mon être intérieur infiniment tressaille.
Crépuscule ébloui de devenir le jour,
J'apparaîtrai sous la forme de mon Amour!
Car, pour le Ciel auguste ou pour l'Enfer immonde,
L'homme engendre sa chair future dès ce monde
Et la verra, selon l'objet dont il s'éprit,
Splendide ou ténébreuse, éclore de l'esprit.
En des candeurs de neige, en des ardeurs de flamme,
Où, sensible, vivra la beauté de mon âme,
Je serai tout mon rêve enfin substantiel;
Et puisque l'hyménée est le vrai nom du Ciel,

Puisque deux amants purs, que l'intime mystère
D'être unis pour l'Eden fiança dès la terre,
Lui, Sagesse, Elle, Amour, & l'un à l'autre égal,
Deviendront un seul ange auguste & conjugal :
Dans Adramandoni, dont les belles pelouses
Voient avec les Époux converser les Épouses,
Je verrai, nuptiale, en habits de satin,
Mêlée à la lumière & mêlée au matin,
La femme en qui Dieu mit l'Amour de ma Sagesse !

Déjà, car le Seigneur me fait cette largesse,
Je la vois.

      Loin d'ici, sur la terre pourtant,
Une région morne & splendide s'étend,
Cieux glacés, sol durci, mer immobilisée.
Là, du soleil polaire éternelle épousée,
Mais après tant de jours immaculée encor,
La neige ne sait point l'ardeur des baisers d'or
Et livre sans périls de fonte ni de hâle
A l'impuissant époux sa virginité pâle.
Steppes développant leur blême immensité
Sous un ciel des candeurs de la terre teinté ;
Forêts, gorges, vallons, molles profondeurs blanches
Que parfois, sous le givre éblouissant des branches,

Traverse à pas pesants un carnassier rôdeur
Muet dans le silence & mat sur la splendeur;
Villes au loin, hameaux presque enfouis qu'assiège
L'épais grossissement onduleux de la neige;
Larges fleuves étreints par les glaces, amas
D'avalanches, sommets éclatants de frimas,
Tout s'estompe & se fond dans la monotonie
D'une blancheur intense, immuable, infinie.
Forme sensible à peine en ce vaste unisson
Du ciel froid, du désert blafard & du glaçon,
S'élève, au flanc des monts, une antique demeure.
Son tranquille escalier que rarement effleure
Le pas d'un serviteur pensif qui disparaît
Sous une voûte ainsi qu'un spectre s'en irait,
Ses arcades qu'au loin la neige continue,
Et le blêmissement de ses toits sous la nue
Forment un édifice étrange & solennel,
Semblable à ces palais que l'hiver éternel
Dresse & maçonne, ayant, sous la brume blanchâtre,
Pour pierre la banquise & le flocon pour plâtre.
Au dedans le silence & la paix sont profonds;
De froides pesanteurs descendent des plafonds,
Et, miroirs blanchissants, des parois colossales
Cernent de marbre nu l'isolement des salles.

De loin en loin, & dans les dalles enchâssé,
Un bassin de porphyre au rebord verglacé
Courbe sa profondeur polie, où l'onde gèle;
Le froid durcissement a poussé la margelle
Et le porphyre en plus d'un endroit est fendu;
Un jet d'eau qui montait n'est pas redescendu,
Roseau de diamant dont la cime évasée
Suspend une immobile ombelle de rosée.
Dans la vasque pourtant, des fleurs, givre à demi,
Semblent les rêves frais du cristal endormi
Et sèment d'orbes blancs sa lucide surface,
Lotus de neige éclos sur un étang de glace,
Lys étranges, dans l'âme éveillant l'idéal
D'on ne sait quel printemps farouche & boréal!

Une vierge aux grands yeux ouverts sur le mystère
Habite avec ces fleurs dans le Nord solitaire.

Le suprême dessein qui règle les hasards
La fit naître du sang impérial des Tzars;
La gloire, la grandeur presque surnaturelle,
Le faste, elle eut l'orgueil de ces pourpres sur elle,
Et reçut, jeune front peut-être épouvanté,
Un diadème encor, la parfaite beauté.

L'homme se sent pâlir parfois sous la couronne,
La femme, non; en vain la chute l'environne,
Son vertige a l'ivresse & n'a pas la douleur;
Dans la main d'une femme un sceptre est une fleur.
Prends cette fleur! disait le satan qui l'assiège;
Mais, Dieu l'ayant élue, elle a connu le piège
Et de la terre sombre a détourné les yeux
Comme un rayon jaloux remonterait aux cieux.
Un roi l'aimait; pensive, elle a conclu l'échange
De l'amour faux d'un roi pour l'amour vrai d'un ange;
De moment en moment, vers l'Hymen immortel,
Comme un prêtre gravit les marches d'un autel,
Elle monte, pour guide ayant cette courrière
Qui prépare le lit nuptial, la Prière;
Et, pendant qu'elle aspire à l'immuable Amour,
Le blanc septentrion est l'unique séjour
Auquel, blancheur aussi, son âme se résigne.
Le ciel aura cet ange, & la neige a ce cygne.

Or, la fille des Tzars & moi, nous nous aimons.

Qu'importent entre nous des mers, des cieux, des monts!
Tout l'éloignement sombre interpose son voile
Sans dérober l'étoile au regard de l'étoile;

Et, si distants que l'un de l'autre nous soyons,
Nous nous sentons voisins, à cause des rayons.
Qu'importe que je sois ce vieux à face vile,
Cette chose mêlée aux fanges d'une ville,
Et qu'elle ait la noblesse avec la pureté,
Lys des champs qu'une tige héraldique a porté !
Sa grâce, ma laideur, sa grandeur, ma bassesse,
C'est l'inégalité naturelle, qui cesse,
C'est l'envers du mental, l'extérieur du front;
Nos êtres sont égaux dans ce qu'ils deviendront.
L'un chez l'autre adorant les parités futures,
Nous secoûrons les fers & romprons les clôtures
De l'épreuve, prison qui nous possède en vain;
Il faut être terrestre, avant d'être divin,
Mais par je ne sais quoi de moins lourd dans nos chaînes
Se dénonce l'essor des libertés prochaines !
Ô jeune Âme, vouée à mon âme déjà
Quand de l'antique nuit la lumière émergea,
De mon chaste désir éternelle vestale,
Nous vêtirons enfin notre splendeur totale !
Couchés le même jour, selon d'anciens accords,
Moi dans le sol obscur qui ressemble à mon corps,
Toi dans la neige pâle à qui ton corps ressemble,
Nous ressusciterons, transfigurés ensemble,

Et déjà, pour sourire aux divins épousés,
Les beaux Anges en deux groupes se sont posés
Sur les blancs escaliers de la mystique enceinte,
Ceux-ci vêtus de pourpre & ceux-là d'hyacinthe ! »

Tel il songeait. Ses doigts en un geste enfantin
Vers l'épouse promise à son rêve hautain
Envoyaient le baiser des jeunes fiançailles,
Et son ombre difforme errait sur les murailles.

Tout à coup, avec l'air d'une bête en arrêt,
Il se tut.

    Tout le ciel, plein d'astres, l'éclairait.
Crispé, roide, il tendait une oreille éperdue
Sans doute vers des voix d'anges dans l'étendue.
Autour de nous s'accrut le silence. On eût dit
Que les bruits se taisaient afin qu'il entendît.
Quoi ! ce murmure épars des Esprits dans l'espace,
Qui confondrait l'ouïe humaine & la dépasse
Par les vibrations d'un éther trop subtil,
Le pouvait-il entendre & le comprenait-il ?
Il écoutait. Parfois, ouvertes par l'extase,
Ses lèvres remuaient, répétant une phrase ;

Et, bientôt, l'œil sublime & le front surhumain,
Sous l'ombre éblouissante, il s'écria : « Demain !

Demain, la fange aura pris l'époux, &, jalouse,
La neige épaissira le linceul de l'épouse ;
Mais l'archange-prophète a dit : « Vous revivrez ! »

O réveil ! nous montons, réunis, délivrés,
Purs êtres que plus rien d'extérieur n'altère.
Qu'était-ce que le noir océan, & la terre,
Et le pâle soleil de l'antique ciel bleu ?
Des éléments : de l'eau, de la boue & du feu.
La nature d'en bas, c'est l'éternelle morte.
Une élévation sublime nous emporte
Vers le monde vivant des Cieux définitifs,
Et, libres d'autant plus que nous fûmes captifs,
Humains, mais déchargés des pesanteurs infâmes,
Nous n'avons de l'épreuve emporté que nos âmes,
C'est-à-dire la forme intime de nos corps.
Être esprit, c'est avoir le dedans pour dehors.
Nous montons, éblouis, des chemins de lumière !
Quand j'hésite, c'est toi qui passes la première.
Parfois, vêtu de pourpre, un angélique Esprit
S'envole devant nous, se retourne, & sourit.

Nous le suivons, heureux, ma main serrant la tienne
Pour que l'un, s'il faiblit, de l'autre se soutienne,
Unis, mais d'un peu loin & les regards baissés,
Comme il convient, n'étant encor que fiancés.

O cieux purs! le chemin de lumière se hausse!

Mais le Tartare, en bas, fuligineuse fosse,
Érige des palais de fange & de roseaux;
Et, rauque, une clameur, comme à travers des eaux,
Apporte jusqu'aux cieux spirituels l'insulte
De l'orageux Enfer qui dans sa haine exulte!

« Maîtres des lâchetés & seigneurs des effrois,
Nous sommes les héros, les papes & les rois!
Broyés sous nos talons, du sang de leurs blessures
Les peuples résignés empourprent nos chaussures;
Et Dieu s'écroulerait s'il n'avait pour appui
Notre divinité par où l'on croit en lui.
A nous le Sceptre, à nous la Crosse irréfutable!
Mais au banquet splendide où notre orgueil s'attable
Deux princes manqueraient si vous étiez absents,
Jeunes Anges! »

Ainsi nous tentent les Puissants.

« Les Sceptres, qu'on les fonde ! & vendez les Tiares !
Hurle à son tour la voix mauvaise des Avares,
Cri plus âpre, monté d'un enfer plus obscur ;
L'or est beau, l'or est bon, l'or est grand, l'or est pur !
Plus puissant que la Force & l'Orgueil, & plus sage,
Il a, Dieu virtuel, le mépris de l'usage,
Et dans tout homme ayant amassé des tas d'or
N'allume que l'amour d'en amasser encor.
Par nous, vous connaîtrez, Âmes longtemps dupées,
L'extase de sentir entre ses mains crispées
Courir les flamboîments de l'or torrentiel :
Anges ! vous compterez, pièce à pièce, le Ciel ! »

L'abîme tentateur renforce ces voix gaies
Par des écroulements somptueux de monnaies.

Un autre appel s'élève, & c'est une chanson
Qui nous émeut d'un tiède & violent frisson
Comme le vent du sud chauffe & tord les voilures.
« Montez vers eux, parfums légers des chevelures,
Et vous, bruits doucereux des caresses, montez
Avec le clair éveil des rires chuchotés !
Enseignez-leur l'amour, seul reposoir propice
Où la fatigue d'être immortel s'assoupisse,

Et ce léthé, stagnant endormeur des desseins,
Qui gît dans l'intervalle adoré des beaux seins.
Langueurs lasses du lit, soupirs, caresses nues,
Doux néant, soyez-leur des ivresses connues,
Et qu'ils sachent, heureux de se désabuser,
Ce que l'Enfer a mis de ciel dans le Baiser ! »

Ce chant qui nous poursuit, plein d'énervantes fièvres,
A fait se rapprocher ma bouche de tes lèvres ;
Parce qu'au fond de moi sans doute il est resté
Un peu des pesanteurs de l'univers quitté,
Mon front penche, surpris d'ivresse & de panique
Au doucereux appel de la Chair tyrannique,
Et je te dis, sentant se heurter mes genoux :
« Regardons-les ! peut-être ils aiment comme nous... »
Mais ton œil, qui connaît le bon grain de l'ivraie,
Surprend l'ombre d'un jet de la lumière vraie,
Et l'Enfer, qui s'effare, apparaît dans ce jour
Tout autre qu'il n'était, vu selon son amour.

Ce bétail attaché dans une herbée épaisse
De glaives & de dards sanglants, pour qu'il y paisse,
Ces ânes dont le bât a crevassé leur dos
Et qui buttent, chargés de coups sur les fardeaux,

Ces lynx maigres, dont flotte, ainsi que de vieux linges,
Le ventre, ces chacals chevauchés par des singes,
Ces porcs, sale troupeau gras d'ordures, qui sent,
Palpe & mange sa fange en se réjouissant,
Ce sont les empereurs, les évêques, les princes !
Un roi qui grossissait d'empires ses provinces,
Homme encor, mais sans tête, a pour royaume un trou
Et porte sa couronne à même sur le cou,
Pendant qu'à ses talons ce loup-cervier qui lape
Du sang est un héros & ce renard un pape !

Non moins affreux, ayant pour membres des serpents
Et d'impurs scorpions l'un sur l'autre rampants,
Les Avares, ployés vers des tables étroites,
Rangent soigneusement des cailloux dans des boîtes ;
Quelqu'un vient & leur dit : « Sciez ces troncs, hissez
Ces blocs ! » &, quand ils ont, esclaves harassés,
Scié les troncs, hissé les blocs, leurs mains avides
Pour unique salaire obtiennent des noix vides,
Et tous courent, furtifs & le regard sournois,
Enfouir dans des trous des coquilles de noix !

Plus bas, une rondeur se gonfle & se resserre :
Helminthes fourmillants d'un immonde viscère,

Là pullulent, heureux, les Amants de la Chair.
Puisque l'homme devient l'amour qui lui fut cher
Ils se sont incarnés dans leur sale espérance.
Fardés, les membres oints de suie & d'huile rance,
Décrépits, gracieux, d'un geste libertin
Retroussant des haillons de gaze & de satin,
Et, vieillards, sur des fronts chargés de cent années,
Mêlant des cheveux gris à des roses fanées,
Les uns, comme on verrait entre des bras d'amant
Le jeune époux tenir l'épouse au corps charmant,
Enlacent d'une étreinte éperdue un squelette
Qu'à leur lèvre céda la dent de la belette,
Et baisent, enivrés d'amour dans un cercueil,
Le trou qui fut la bouche & le trou qui fut l'œil;
Dans un bosquet qui voit sous les pleurs des cascades
Se jouer des guenons au lieu d'hamadryades,
D'autres, priapes fous, sans aucun vêtement,
Mais de la tête aux pieds velus horriblement,
Presque animaux, scandant leurs cris d'infâmes gestes,
Environnent d'un chœur de danses immodestes
Des torses de vénus faits d'excréments durcis.
Et tous portent la joie en feu sous leurs sourcils,
Car tel est le Désir dont ces Âmes sont faites
Qu'étant dans l'infamie elles sont dans les fêtes!

Mais voici : pour avoir tenté nos fronts élus,
Les vieillards débauchés, les priapes velus,
Comme par la fenêtre on jette des ordures,
Seront précipités en des géhennes dures.
Plus d'amours ni de jeux. Fainéants, au travail!
L'atelier rude après le languissant sérail.
Et leurs mains, à la molle étreinte habituées,
Devront broyer du fard pour les prostituées!

Aveugle enfer, hélas!

            Cependant, pèlerins
Miraculeux, passants des abîmes sereins,
Notre angélique essor traverse des fumées,
De flamme, de musique & de parfum tramées!
Roulant de toutes parts cet éclair adouci
Qui tremble à l'orient de la perle, voici
Que les Cités du Ciel s'ébauchent dans la brume;
Et, suprême, au delà des paradis, s'allume
Jérusalem, au loin, comme une lampe d'or!

Oh! sur quel seuil devra se poser notre essor?
Car celui qui discerne & qui groupe les âmes
Selon la parenté de leurs intimes flammes

Fonda pour les Élus de l'épreuve émigrés
Autant de Ciels qu'il est dans l'amour de degrés ;
Et le séjour prescrit par sa miséricorde
Si strictement avec les habitants concorde
Que toute autre lumière aveuglerait leurs yeux.

Nous montons à travers les Cieux, cherchant nos Cieux.

O spectacle ! Un Eden, dans une gloire pâle,
Ouvre sur l'infini des portiques d'opale,
Candide & confiant symbole de l'accueil,
Qui propose à nos pas & conseille à notre œil
De pénétrer jusqu'aux clartés intérieures.
Blanches, aux toits d'argent, s'élèvent les demeures ;
Le flamboîment issu du cri de Jéhovah
Lorsque l'aîné des jours naturels se leva,
Baigne les dômes clairs, &, docile aux hélices
Des longs jardins, allume, en glissant, les calices.
La neige, sur le sol, se mêle aux fleurs d'été ;
Neige spirituelle, elle a nom Chasteté.
Toute chose, en un lieu céleste, représente,
Et, de réalités naturelles exempte,
A des réalités intimes correspond.
Ici le jour, couleur d'une perle qui fond,

Lucide, mais terrestre encor dans son essence,
Des Esprits qu'il éclaire est l'humble Connaissance ;
Les Hymens, pour figure, ont ces blanches maisons
Où le Désir grimpant suspend des floraisons
Parfois de lys, parfois de rouges amarantes ;
Et les fenêtres sont des Candeurs transparentes.
Des Anges, sous les fleurs, rayonnent deux à deux ;
L'Amour qu'ils ont en eux transparaît autour d'eux,
Plus vif selon qu'ils font de plus sacrés Usages ;
Il est l'ardente chair de leurs jeunes visages,
Azure leurs regards, embrase leurs cheveux,
Les vêt d'une syndone irisée où leurs vœux
Sont brodés en festons de perles & de gemmes,
Et, royal, sur leurs fronts pose des diadèmes.
Nul n'est oisif. Les uns ensemencent les champs,
Taillent la vigne, ou dans la cité sont marchands ;
D'autres sont conseillers ou maîtres de milices ;
Mais l'hymen associe aux labeurs les délices :
En deux ramiers, avec un bruissement doux,
Des lèvres de l'Épouse aux lèvres de l'Époux
Se croise du Baiser le symbole fidèle ;
Chaque ramier, couleur de neige en venant d'Elle,
A des ailes de flamme en revenant de Lui.
Et quand, à l'occident de leur Ciel, aura lui

Le signe interrupteur des soins & des négoces,
Ils s'en iront, époux conviés à des noces,
Ardent midi qui s'offre en exemple au matin,
Près d'un couple nouveau s'asseoir en un festin.
Sur des tables qu'éclaire, entre de blancs pilastres,
La constellation d'une lampe à sept astres,
Ils se partageront les pains de pur froment
Et vers l'Amour, soleil du plus haut firmament,
Leurs bras élèveront les coupes solennelles !
Puis, sous les myrtes purs inclinés en tonnelles,
Ce sera le moment des Spectacles, des Jeux,
Des chastes entretiens sur les gazons neigeux,
Dans les feuilles, pendant qu'une fleur, balancée
Au toucher de leurs fronts, se teint de leur pensée ;
Et, bientôt, enlacés d'un geste plus aimant,
Ayant l'ombre autour d'eux comme un consentement,
Vers les maisons d'hymen, secrètes sous les branches,
Ils marcheront, pensifs, avec les lenteurs blanches
De deux cygnes voguant sur un sombre canal,
Jeunes Âmes au corps chaque soir virginal,
Qu'isolera du ciel, des cités, des ramées,
Un bruit mystérieux de portes refermées.
Nous passons ! Dans les cieux sans limite agrandis
S'échelonnent encor des villes, paradis

Plus parfaits & peuplés de plus sublimes hôtes,
Suivant qu'ils sont placés en des zones plus hautes.
Mais parmi tant de seuils sacrés, il n'en est pas
Un seul qui soit égal à l'orgueil de nos pas;
Le besoin de la vie extrême nous dévore;
Et nous montons, plus purs si nous montons encore!

Tout s'enfuit. Les Edens, les Cieux, ont-ils été?
Plus rien.

   L'espace immense.

        Au fond, une clarté
Terrible! & qui, semblable à quelque aimant avide,
Nous attire, éperdus, à travers tout le vide.
Nous allons. Elle s'enfle, & devient, de flambeau,
Fournaise! le levant qui s'empourpre est moins beau.
Puis, des chaleurs. Nos corps sentent par chaque pore
Suinter de l'ombre, reste impur qui s'évapore.
Nous sommes nus. Le rouge & chaud rayonnement
Pénètre dans nos chairs plus immédiatement.
Tout notre être devient un élan qui s'embrase
A la proximité de la dernière extase.
Nous voyons à travers des splendeurs de bûcher
Des formes tressaillir, des couleurs s'ébaucher,

Et, comme un matelot, de la mer solitaire
Voit surgir sa patrie & jette ce cri : Terre!
Sublimes arrivants, nous avons crié : Ciel!
Front de l'immensité, but providentiel
Des Sagesses, Sion qui trône au pinacle
De l'affranchissement suprême, Tabernacle!...
Reçois notre salut, Monde sacerdotal
Où les Anges vêtus d'un fluide cristal
Apparaissent tout nus, étant les Innocences,
Où le Bien & le Vrai, conjoignant leurs essences
Dans un extrême effort d'épanouissement,
Consomment sans relâche en l'éternel moment
Les mystères du saint hymen que symbolise
Ce Couple tout parfait, le Seigneur & l'Église!
Flammes de la Chaleur & rayons du vrai Jour,
Nous entrons dans le gouffre auguste de l'Amour;
Et nous sommes un des sourires de la Joie.
Mon sein qui brille s'offre à ton sein qui flamboie;
Homme & Femme toujours, mais à Dieu même égaux,
Dans l'âme & dans la chair chastement conjugaux,
Nous percevons enfin les délices complexes
De la communion angélique des sexes,
Et, livrés en esprit aux plaisirs de la chair,
Sous l'enveloppement d'un immuable éclair

Nous possède à jamais l'heureuse frénésie
D'être ceux qu'illumine, embrase & rassasie
L'Amour, soleil sacré, feu plus pur que le feu,
En qui brûle, au zénith de la sagesse, Dieu! »

Criant ainsi, le nain levait des bras augustes.
Sur les rocs écroulés, dans les branches d'arbustes,
Forme noire, il roula du haut de l'Abendthor,
Se perdit dans la nuit, se laissa voir encor,
De rocher en rocher, de racine en racine
Gagnant le faîte clair d'une côte voisine...
Mais, là, d'un bond si bref disparut à mes yeux
Que je crus qu'il s'était envolé dans les cieux!

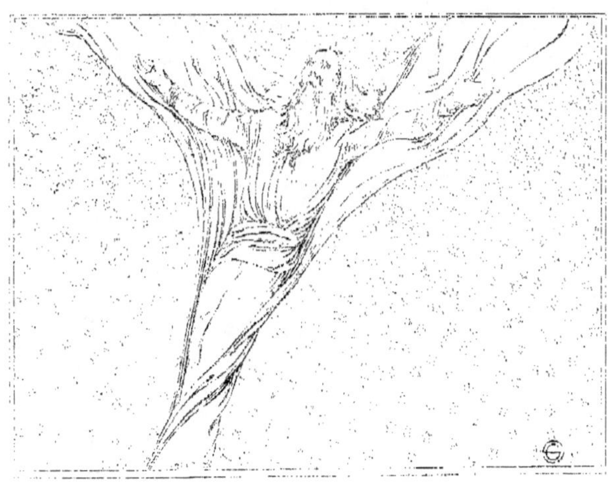

L'ACCOMPLISSEMENT

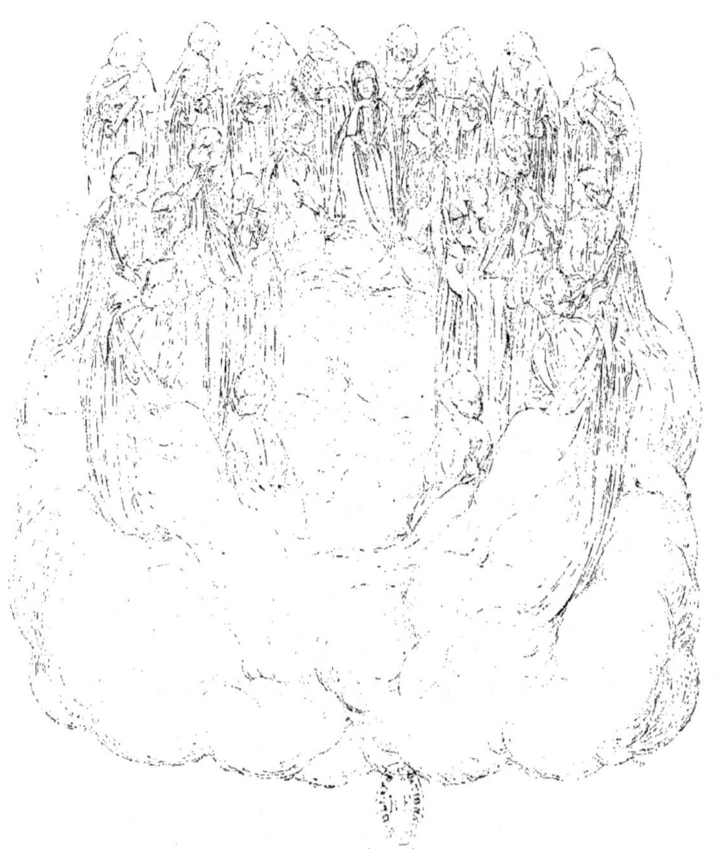

Voyageur, je quittai Francfort à l'improviste.
Bien des fois, en vagon, quand venait la nuit triste,
Morose & las, le front sur la vitre incliné,
Il m'advint d'évoquer le vieil illuminé;
Et, compagnons pensifs des nocturnes voyages,
Ses songes rappelés se mêlaient aux nuages.

Puis j'oubliai.

   Six mois plus tard, quand je revins,
Il me restait de l'homme & de ses propos vains
Un souvenir pâli qui se brouille & s'efface.

Un matin, je rôdais près de la judengasse,
Regardant les murs peints & les balcons de bois;
A mon rêve, un instant, se mêlèrent les voix
De deux hommes causant sur le pas d'une porte.
Pressentiment furtif ou caprice, n'importe,
J'écoutai.

   « L'aventure est vraie, & je la sais
Pour l'avoir lue hier dans les journaux français, »
Disait l'un.

   Et voici ce que savait cet homme :

Près du pôle, au delà des pays que l'on nomme,
Dans un palais bâti sur de blanches hauteurs,
Seule, une femme, avec deux ou trois serviteurs,
Sans motif (le conteur ajoutait par folie),
Depuis trois ans s'était, vivante, ensevelie

Et cette femme était fille d'un roi du Nord.
De sa paix différente à peine de la mort
Elle sortit un soir, ayant eu la pensée
De glisser en traîneau sur la neige glacée.
Promenade fatale. Elle ne revint pas.

Sans doute l'aquilon qui fouette les frimas
Et porte l'avalanche éparse dans son aile
Lui fit un blanc linceul de la neige éternelle.

Mais nul ne fait parler le vent sibérien,
Et de l'histoire, en somme, on ne connaissait rien,
Sinon le jour précis du départ de l'absente.
C'était le seize avril mille huit cent soixante.

Alors je me souvins du nain & le cherchai.

Je ne vis que le trou du hibou déniché,
Et j'appris que, défunt sans parents ni fortune,
Il était enterré dans la fosse commune.

Au cimetière, un homme, un jardinier, je crois,
Me guida, pour un peu d'argent, vers une croix.

Petite & de bois noir, ainsi qu'il est coutume
Pour les gens qu'à ses frais une paroisse inhume,
Elle penchait, oblique, entre quelques sapins.
Incliné, j'y pus lire en caractères peints :
« Hespérus », la peinture étant encor récente,
Et, plus bas, « seize avril mille huit cent soixante ».

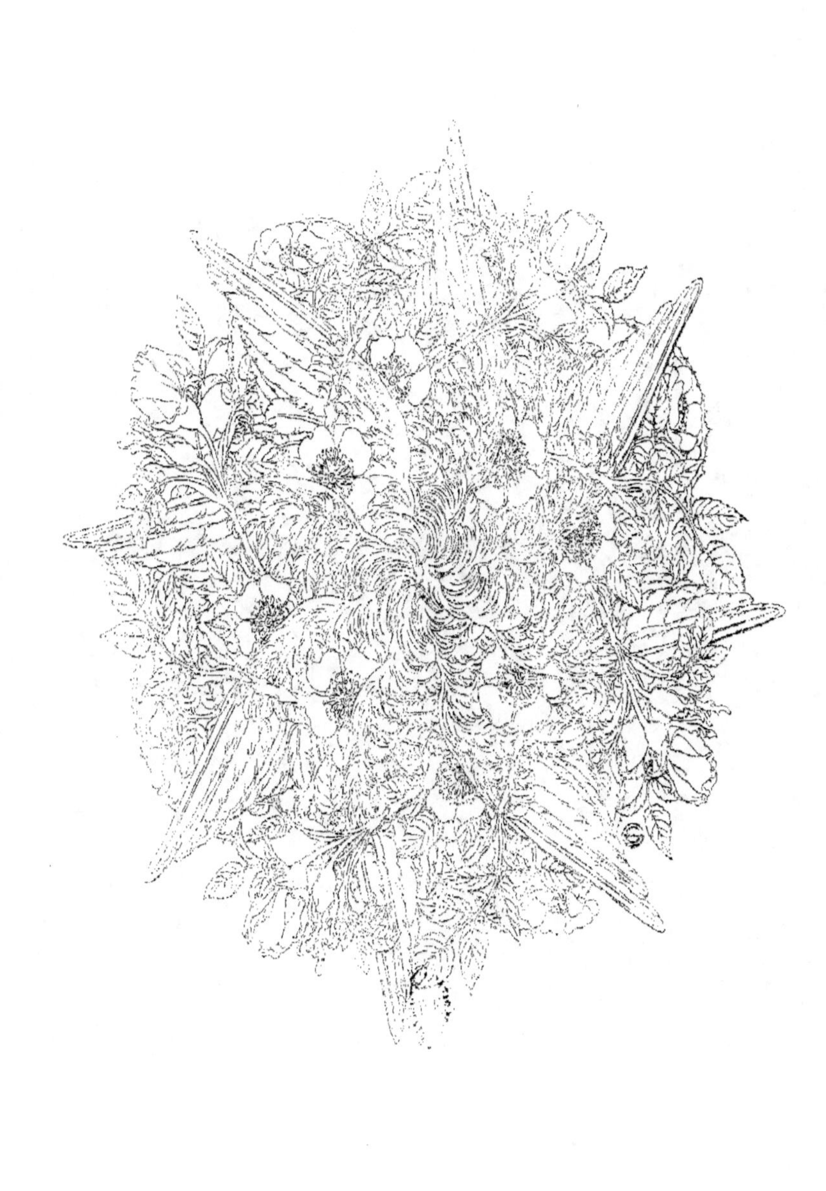

LE PRÉSENT LIVRE
ILLUSTRÉ DE COMPOSITIONS
DE CARLOZ SCHWABE
AQUARELLÉES EN COULEURS
A ÉTÉ ACHEVÉ D'IMPRIMER
LE XV OCTOBRE MDCCCCIV
SUR LES PRESSES
DE L'IMPRIMERIE NATIONALE
M. ARTHUR CHRISTIAN
ÉTANT DIRECTEUR

www.ingramcontent.com/pod-product-compliance
Lightning Source LLC
LaVergne TN
LVHW021751170726
843503LV00004B/1821